Pequeño Surfista

Henry Michel Ha sido educador y administrador escolar por más de 20 años. Su pasión por ayudar a los jóvenes lo inspiró a escribir libros para niños con mensajes positivos. Henry se identifica con los niños. En "Pequeño surfista el combina su pasión de educación y el surfeo para inculcar mensajes poderosos. "Eso que sueñas puedes hacer realidad". El quiere motivar a los jóvenes de todo el mundo y ayudarles a que realicen sus sueños; no solo en surfing sino en todo lo que sus conrazones deceen.

Krush Illustration es el dúo dinamico de Paulina Michel y Bobby Skelton. Los dos se graduaron del Laguna College of Art and Design con Bachilleratos en illustracion. Crecieron leyendo libros juveniles y nunca perdieron el niño dentro de si mismo. Quieren compartir su pasión de arte con las generaciones del futuro.

Text copyright ©2016 by Henry Michel

Artwork copyright ©2016 by Krush Illustration

ISBN-13: 978-0998315300
ISBN-10: 0998315303

Èste libro está dedicado a mis hijas Pearl y Paulina, quienes nunca desisten en seguir su pasión. Pearl tiene tremendo talento músico y Paulina es la mejor artista que conozco.

Èste libro fúe ilustrado y escrito en la isla de Kauai.

Pequeño surfista, pequeño surfista, ¿qué vas a hacer?
¡Cuando sea mayor iré al campeonato mundial de surf!

Pequeño surfista, pequeño surfista, ¿cómo lo vas a hacer?

Ayúdeme tío, no lo sé.

Pequeño surfista, pequeño surfista. ¡te ayudaré!
¡Me dicen todos que algunos surfistas muy pobres son!
No todos llegan al campeonato mundial de surf.

Pequeño surfista, pequeño surfista, verdad es.
Más algunos surfistas empresarios y oceanógrafos llegan a ser,
¡y alguno incluso famoso fotógrafo es!

Tío, tío, ¡todo lo que quiero es correr olas hasta reventar! ¡y viajar y viajar y viajar y viajar para surfear!

¡Visualiza y se materializará!
¡Eso que sueñas puedes hacer realidad!

Tío, tío, ¿qué me quiere decir?

Que primero tienes que imaginarte triunfando,
Verte subido al podio, en lo más alto,
¡con la copa de oro en mano!

¡Habrás de ser muy buen nadador!
Y nadar, y nadar, y nadar.
¡El ser buen nadador te ayudará a ganar!

Tío, tío, y ¿si mar adentro una resaca o la corriente me arrastra?

¡El trabajar duro y la natación fuertes te harán!

Te sentirás seguro en el mar, ¡ya lo verás!

Tío, tío, ¡necesito prepararme para la próxima competición!
Voy a surfear contra los mejores chicos de toda la nación.

Pequeño surfista, a veces se aprende más del perder que del ganar.

Tío, tío, ¿qué me quiere decir?

Que aprender de nuestros errores fuente de fuerza y sabiduría es.
Aprende la lección para no caer en el mismo error por segunda vez.

Mistakes = Learning

Practica, practica, practica.

Concéntrate,
Concéntrate,
Concéntrate,

¡y no dejes de esforzarte todos los días!

Tío, tío, ¡llegué a la final en el último torneo!
¡Las olas eran gigantes, y el océano fue para mí un gran reto!

Pequeño surfista, pequeño surfista. ¡visualiza y se materializará! ¡Eso que sueñas puedes hacer realidad!

Pequeño surfista, pequeño surfista, ¿cómo te ha ido?

¡Gané el Mundial Junior Pro!

www.ingramcontent.com/pod-product-compliance
Lightning Source LLC
Chambersburg PA
CBHW042042090426
42733CB00028B/40

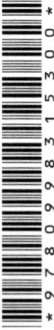